2 Avril 1909 PN

marqué

VENTE

[illegible]

VENDREDI 2 AVRIL 1909

HOTEL DROUOT, SALLE N° 6

[illegible]

EXPOSITION PUBLIQUE

Le Jeudi 1er Avril 1909

[illegible]

TABLEAUX ANCIENS

Dessins — Gouache

OBJETS D'ART

Porcelaines de Chine — Objets de vitrine — Meubles — Sculptures

TAPISSERIES ANCIENNES

[illegible] STETTINER

Me F. LAIR-DUBREUIL

MM. PAULME & B. LASQUIN Fils

TABLEAUX ANCIENS

Dessins — Gouache

OBJETS D'ART

Porcelaines de Chine, Objets de vitrine, Meubles, Sculptures

TAPISSERIES ANCIENNES

CONDITIONS DE LA VENTE

Elle sera faite au comptant.

Les acquéreurs paieront *dix pour cent* en sus des enchères.

Paris. — Imp. Georges Petit, 12, rue Godot-de-Mauroi. — 19584-09.

CATALOGUE

DES

TABLEAUX & DESSINS ANCIENS

Principalement de l'École Française du XVIIIe siècle

PAR OU ATTRIBUÉS A

ALAIS, BOILLY, BONINGTON, CASANOVA, CHALLE
DAVID, HUBERT-ROBERT, PILLEMENT, RICCI, VAN LOO (L.-M.)

BAUDOIN, LÉRICOURT, COCHIN, GREUZE, GUARDI
HUBERT-ROBERT, HUET (J.-B.), MOREAU LE JEUNE, TIEPOLO (LES)
VAN GORP, WATTEAU (ANT.), ETC.

ANCIENNES PORCELAINES DE CHINE

Anciennes Faïences Italiennes

OBJETS DE VITRINE

Boîtes, Bonbonnières en or émaillé

Miniatures — Sculptures — Objets variés — Dentelles

BRONZES ANCIENS D'AMEUBLEMENT

PENDULES, APPLIQUES, CHENETS

SIÈGES & MEUBLES ANCIENS

Ameublement de Salon en ancienne tapisserie d'Aubusson

TAPISSERIES ANCIENNES

DONT LA VENTE AUX ENCHÈRES PUBLIQUES AURA LIEU

HOTEL DROUOT, Salle No 6

Le Vendredi 2 Avril 1909, à 2 heures

COMMISSAIRE-PRISEUR	EXPERTS
Me F. LAIR-DUBREUIL	MM. PAULME & B. LASQUIN FILS
6, rue Favart, 6	10, rue Chauchat — 12, rue Laffitte

EXPOSITION PUBLIQUE

Le Jeudi 1er Avril 1909, de 1 heure 1/2 à 5 heures

DÉSIGNATION

Tableaux anciens

ÉCOLE FRANÇAISE DU XVIIe SIECLE

1 — *Portrait de jeune homme.*

Cadre en bois sculpté.

Toile. Haut., 43 cent.; larg., 31 cent.

ÉCOLE FRANÇAISE DU XVIIIe SIÈCLE

2 — *Paysage avec rivière et figures.*

Toile ovale. Haut., 44 cent.; larg., 36 cent.

ECOLE HOLLANDAISE DU XVIIIe SIECLE

3 — *Ane dans un paysage.*

Bois. Haut., 34 cent.; larg., 25 cent.

INCONNU DU XVIIIe SIECLE

4 — *Paysage maritime*, avec barques, cavaliers, etc.

Bois. Haut., 17 cent.; larg., 23 cent.

ALAIS

5 — *Portrait de femme.*

Elle est assise dans un fauteuil, vêtue de blanc avec nœuds de ruban rouge, les mains croisées et tenant un livre entr'ouvert ; une ruche autour du cou et des fleurs dans la chevelure.

Très gracieux portrait, signé et daté vers la gauche.

Cadre ancien Louis XIV, en bois sculpté doré.

Toile. Haut., 81 cent. ; larg., 65 cent.

BOILLY (L.)

6 — *Baigneuses.*

Signé à gauche des initiales : *L. L. B.*

Bois. Haut., 24 cent. ; larg., 32 cent.

BONINGTON (R.-P.)

7 — *Le Duc d'Orléans présentant sa maîtresse au Duc de Bourgogne.*

Toile. Haut., 35 cent. ; larg., 26 cent.

CASANOVA

8 — *L'Attaque d'une voiture par des brigands.*

Toile. Haut., 37 cent. ; larg., 45 cent.

CHALLE (F.)

9 — *Finissez !...* Composition galante connue par la gravure de Marchand.

Bois. Haut., 32 cent. 1/2 ; larg., 24 cent.

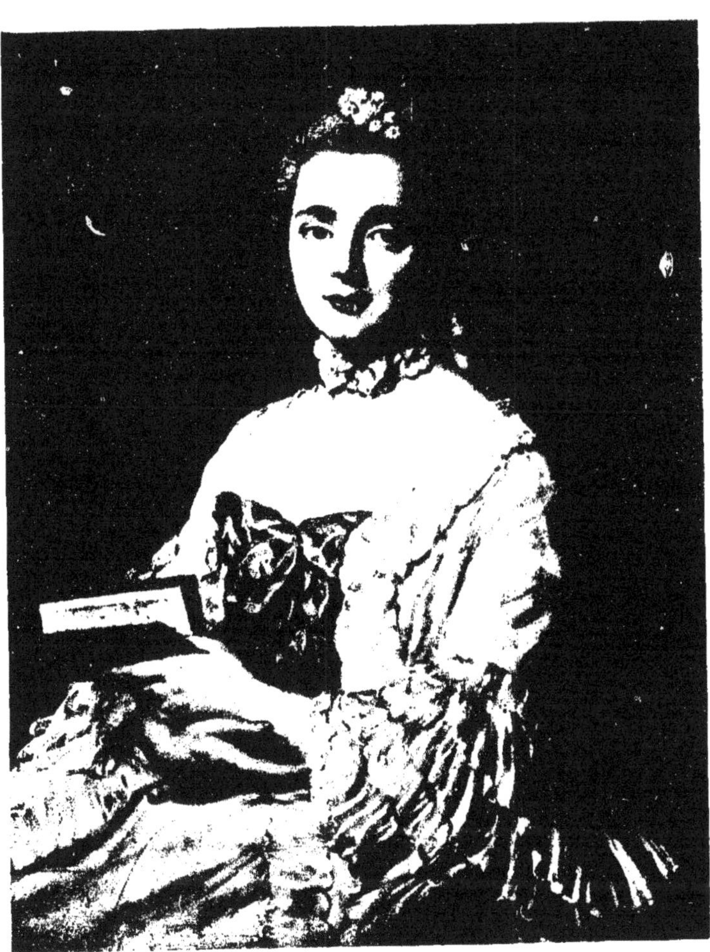

N° 5.

4. 200

DAVID (J.-L.)

10 — *Femme nue, assise sur un lit de repos.*

Étude du maître, pour le portrait de Mme Récamier.

Toile. Haut., 65 cent.; larg., 81 cent.

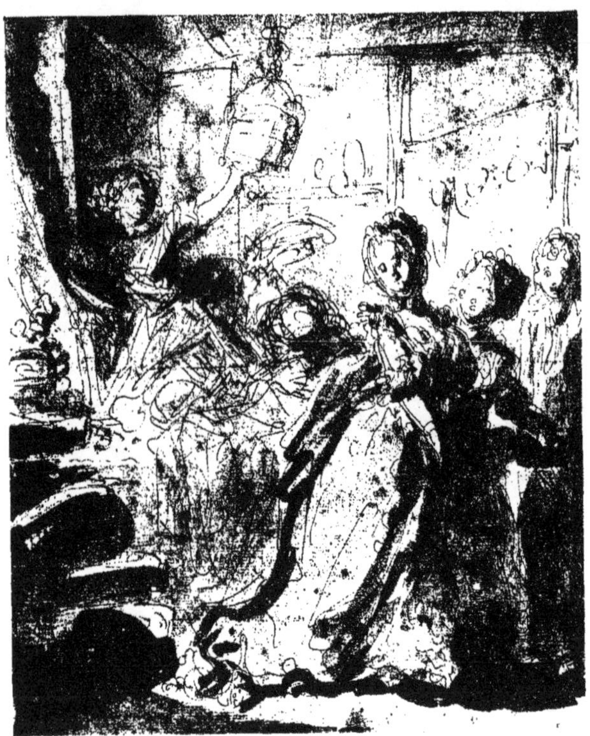

N° 16.

GUARDI (?)

11 — *Fête du Bucentaure.*

Cadre en bois sculpté doré.

Cuivre. Haut., 14 cent. 1/2; larg., 20 cent. 1/2.

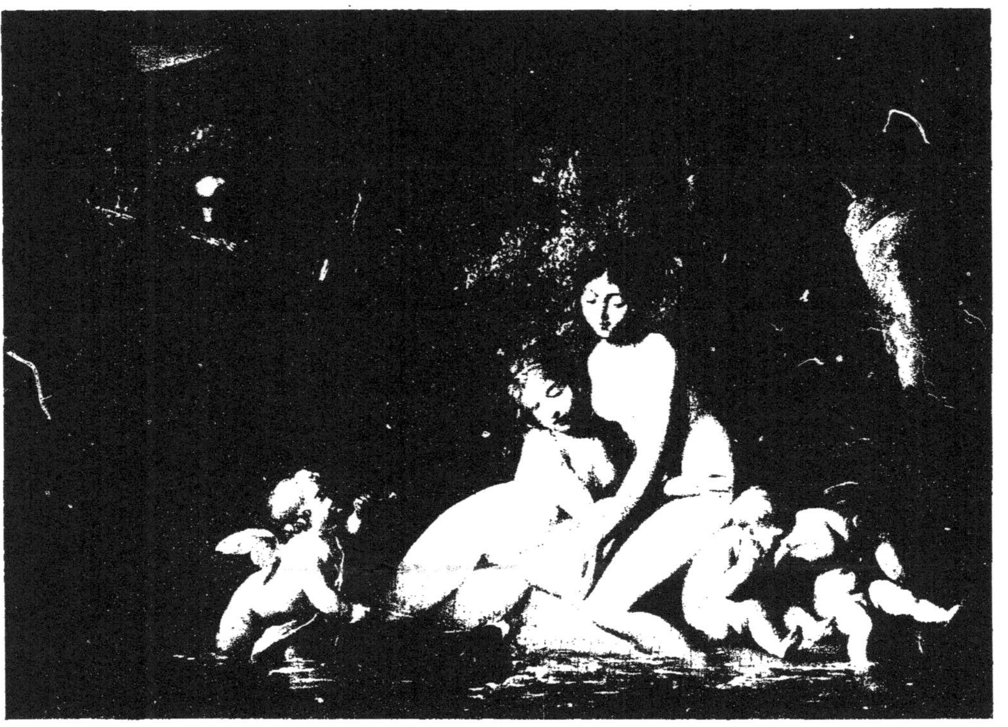

N° 3.420

HUBERT-ROBERT

730 Fouriard

12 — *Piscine dans des Thermes antiques.*

Toile. Haut., 33 cent. ; larg., 46 cent.

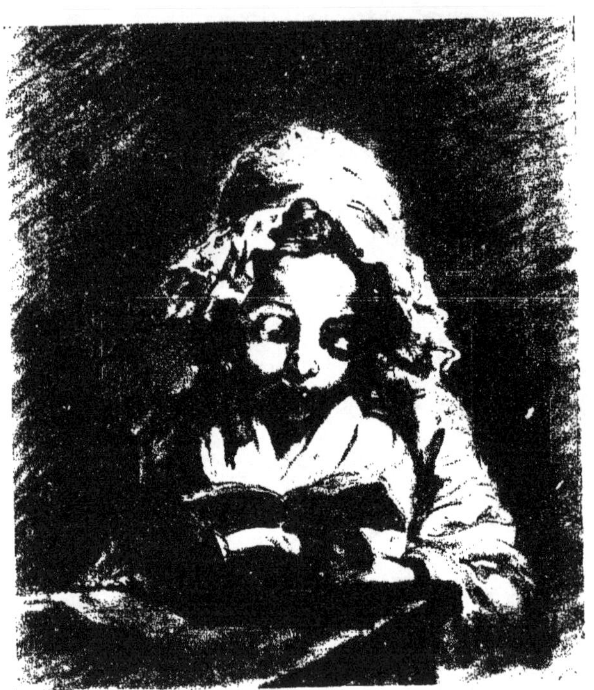

N° 21.

1500

PILLEMENT

1550 Thome

13 — *Paysage*, avec berger, bergère et animaux.

Signé vers la gauche, en bas.

Toile. Haut., 61 cent. ; larg., 90 cent.

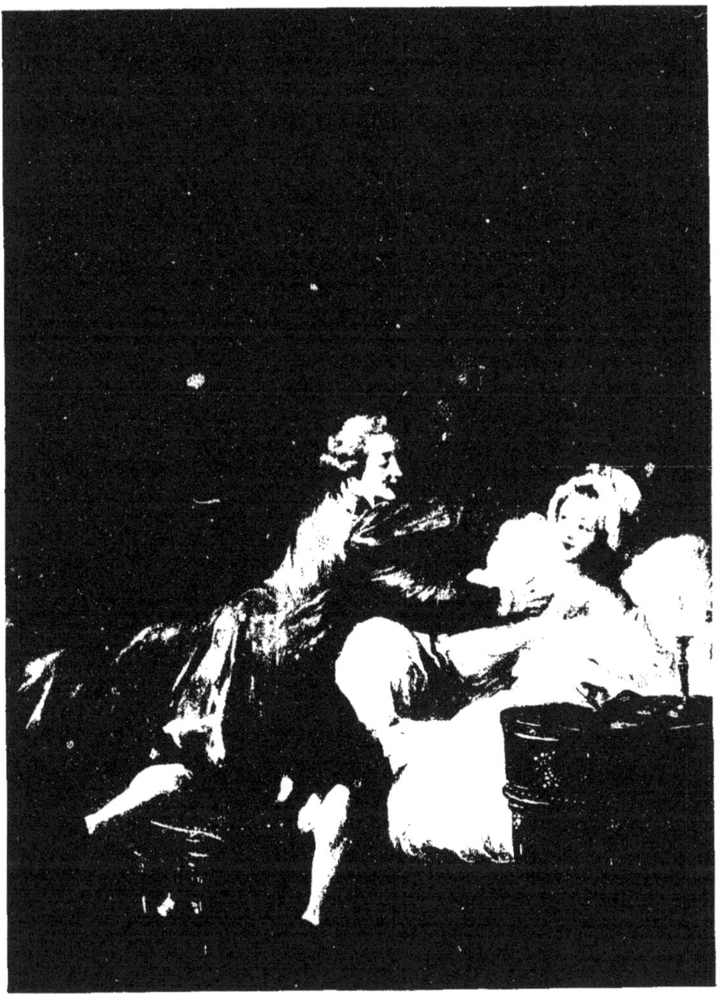

N° 9.

7550

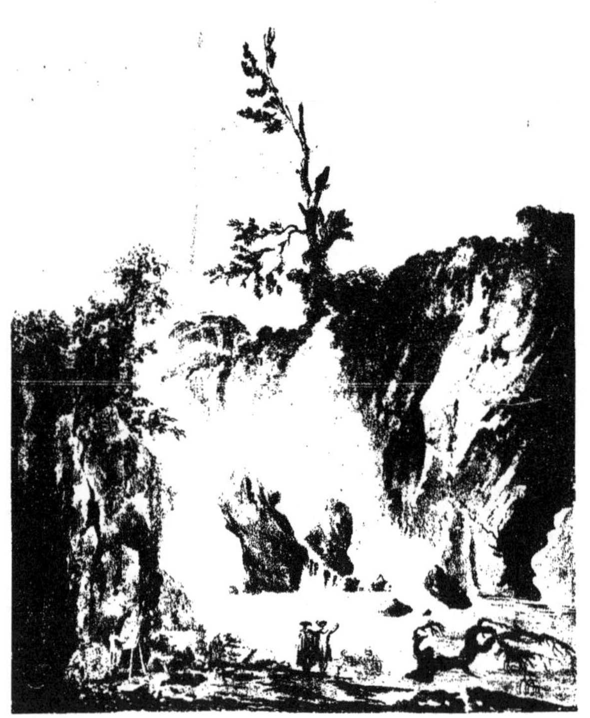

Nº 24.

1.250

RICCI (S.)

310 Malbey 14 — *Sujets bibliques.*

Deux pendants en grisaille

Toiles. Haut., 55 cent.; larg., 39 cent.

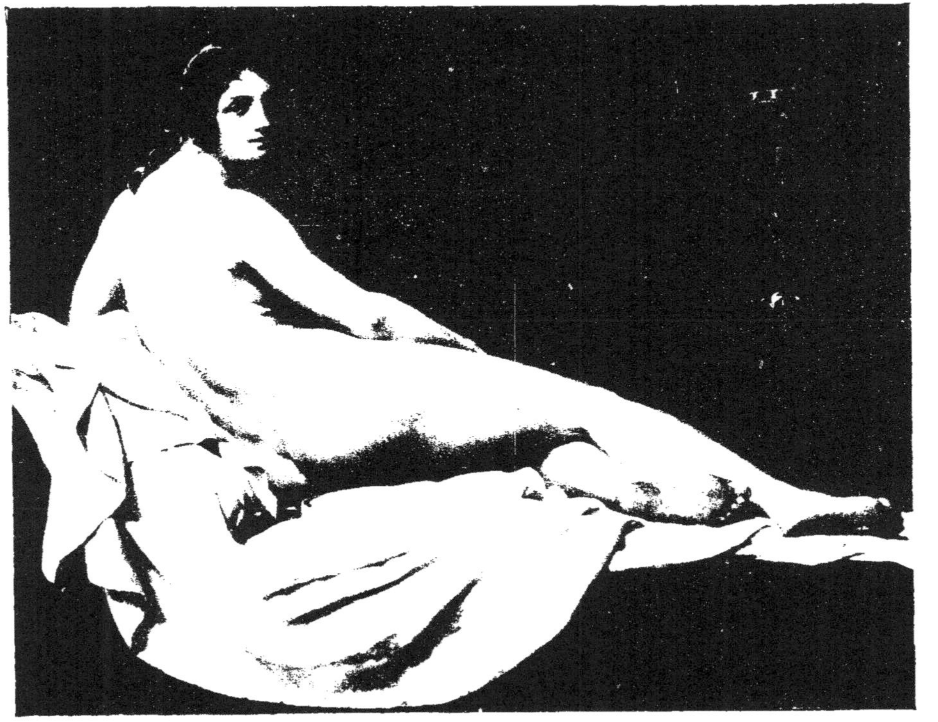

N° 10.

4600

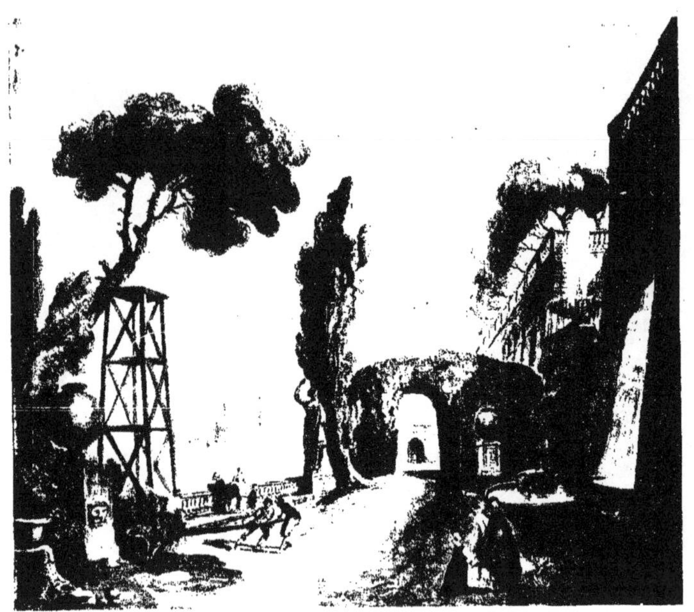

N° 25. 380

VAN LOO (Louis-Michel)

3.600 Collentz

15 — *Portrait du Duc de Choiseul*, assis à son bureau.

Beau et intéressant portrait.
Cadre ancien en bois sculpté doré.

Toile. Haut., 93 cent.; larg., 75 cent.

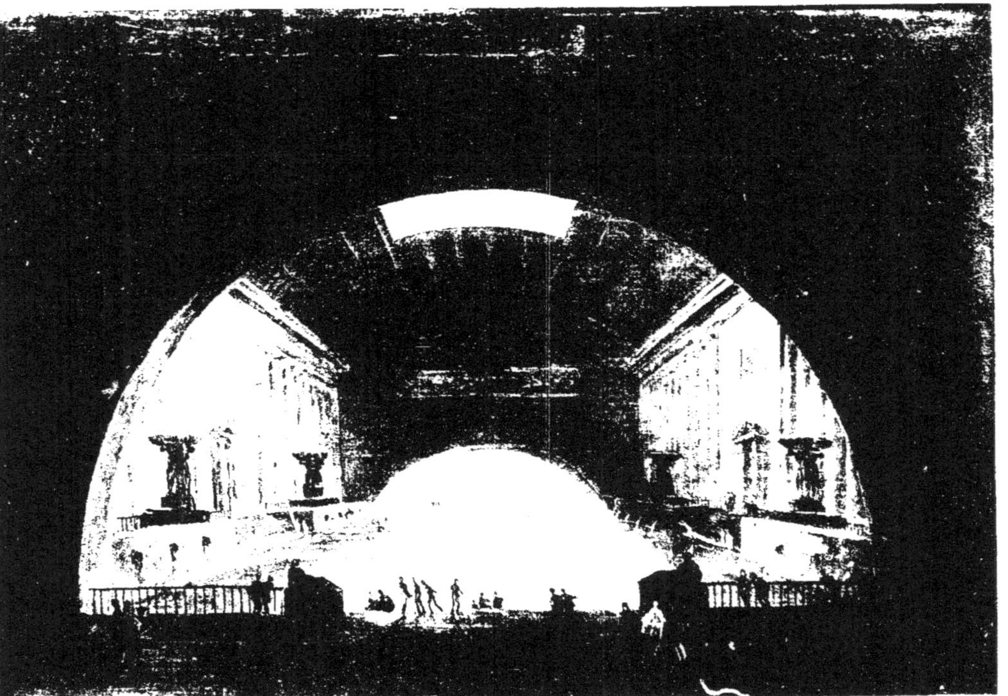

N° 12

730

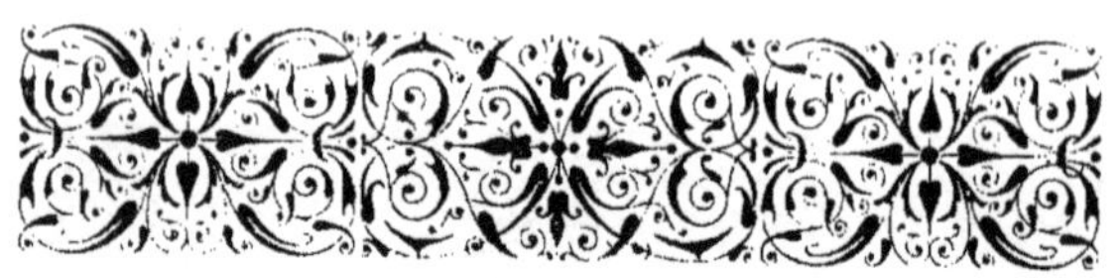

Dessins anciens

Aquarelles, Gouache

BAUDOIN (P.-A.)

16 — *La Cage vide.*

Dessin à la plume et au lavis.

Haut., 24 cent. 1/2 ; larg., 20 cent.

BÉRICOURT

17 — *Un Bal à la fin du XVIIIe siècle.*

Aquarelle sur dessin à la plume.

Haut., 26 cent. 1/2 ; larg., 45 cent.

CAMMARANO (Giuseppe)

18 — *Centaure enlevant une femme.*

Dessin à la plume et sépia rehaussé de blanc. Signé et daté : *1817*.

COCHIN (C.-N.)

19 — *Portrait de Messire Pâris de Montmartel.*

Très important dessin du maître, à la mine de plomb, pour la belle gravure de Cathelin. La tête d'après un pastel de M.-Q. de la Tour.

Haut., 63 cent. ; larg., 43 cent.

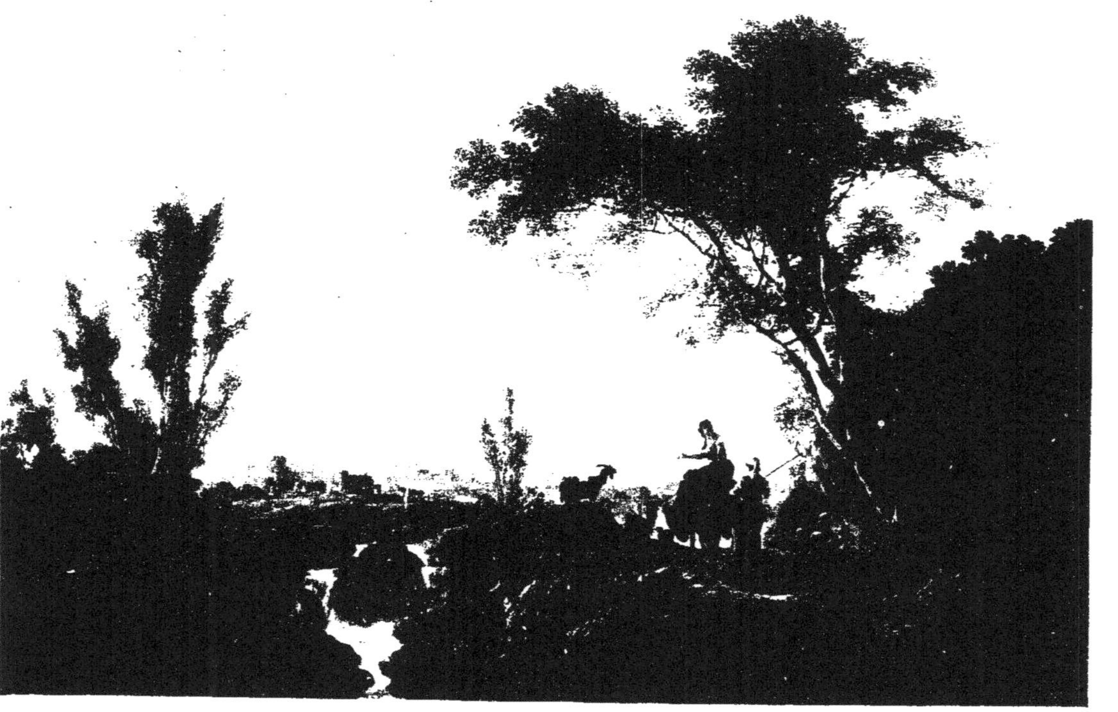

1.550

FRAGONARD (Honoré)

20 — *Jeux de satyres et bacchantes.*

Dessin à la pierre d'Italie.

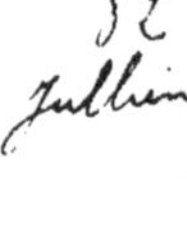

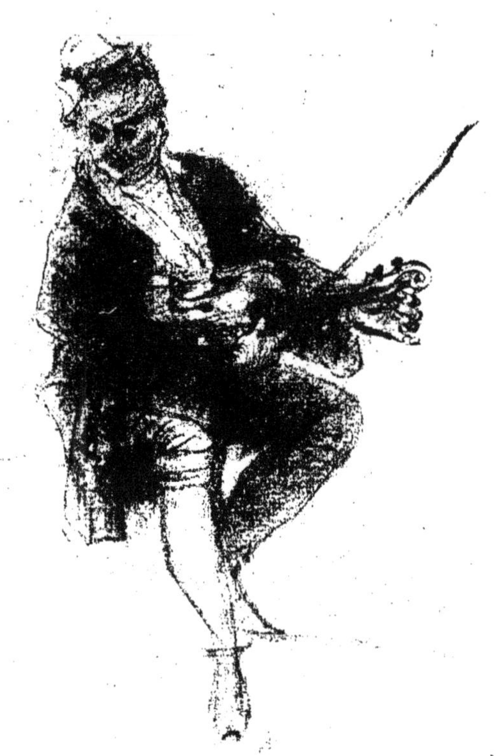

N° 35.

GREUZE (J.-B.)

21 — *Fillette lisant.*

Gracieux dessin aux trois crayons.

Haut., 27 cent. 1/2 ; larg., 24 cent. 1/2.

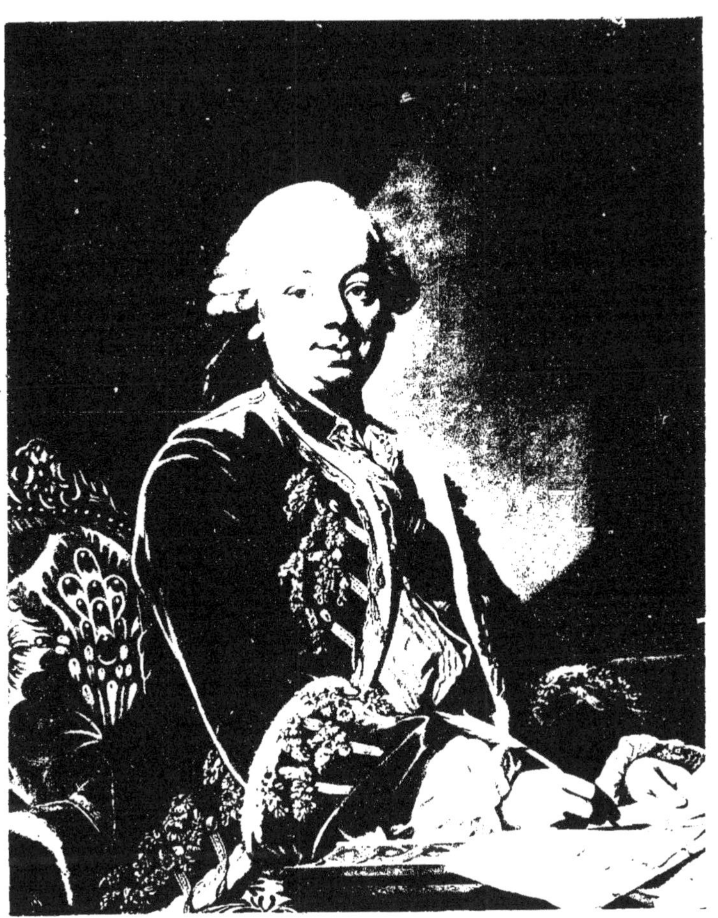

N° 15.

3 600

GUARDI (Francesco)

22 — *Arc antique et personnages.*

Dessin à la plume et lavis de sépia.

HUBERT-ROBERT

23 — *L'Intérieur d'une galerie de sculpture.*

A droite, se voit un groupe de deux personnages, dont l'auteur assis et dessinant.

Dessin au crayon et lavis.

Haut., 17 cent. 1/2; larg., 28 cent. 1/2.

24 — *Cascade à Tivoli, aux environs de Rome.*

Aquarelle signée et datée : *1781*.

Haut., 45 cent.; larg., 57 cent.

25 — *Vue prise des jardins d'une villa romaine.*

Aquarelle signée et datée : *1770*.

Haut., 26 cent.; larg., 36 cent. 1/2

HUET (J.-B.)

26 — *Pastorale.*

Dessin à la plume et à l'aquarelle.

Signé et daté : *1787*.

Haut., 19 cent.; larg., 24 cent.

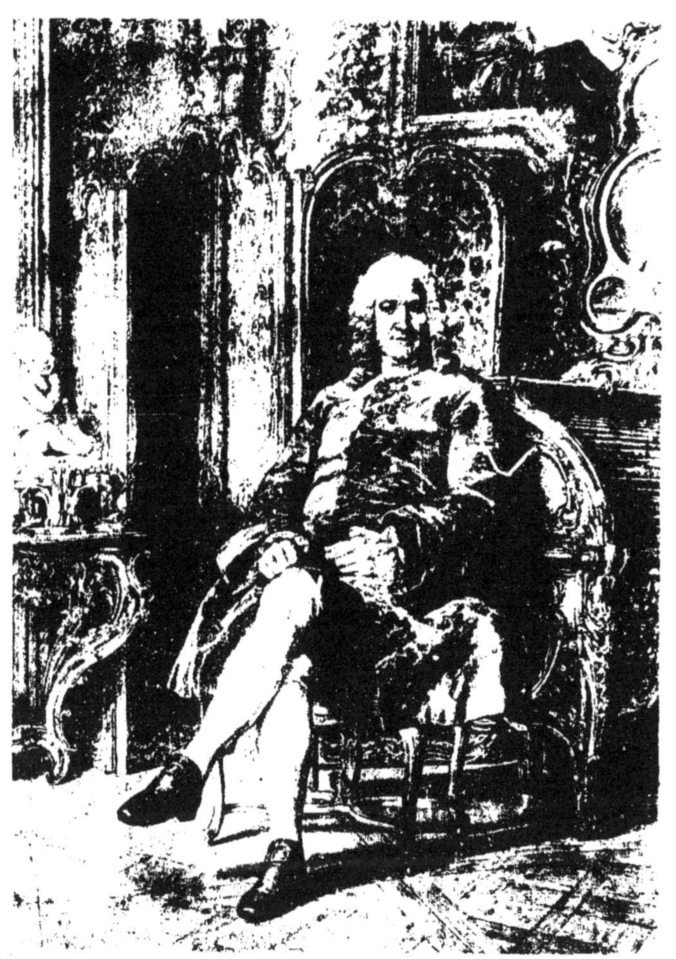

N° 19.

1-000

MOREAU LE JEUNE (J.-M.)

27 — *Figure d'homme.* Étude pour une vignette de la *Nouvelle Héloïse.*

Dessin au crayon noir et à la sanguine rehaussé de blanc.

Haut., 24 cent.; larg., 16 cent.

Collection L. Decloux, n° 109.

PIAZZETTA

28 — *Études.*

Quatre dessins dont deux dans un même cadre. Crayon.

TIEPOLO (Jean-Baptiste)

29 — *Apollon.*

Étude à la plume et lavis de sépia.

30 — *Études.*

Six dessins à la plume et sépia sous verre.

31 — *Composition pour un plafond.*

Dessin à la plume et lavis de sépia.

Cadre ancien en bois doré.

TIEPOLO (Dominique)

32 — *Un Moine.*

Étude à la plume et lavis de sépia.

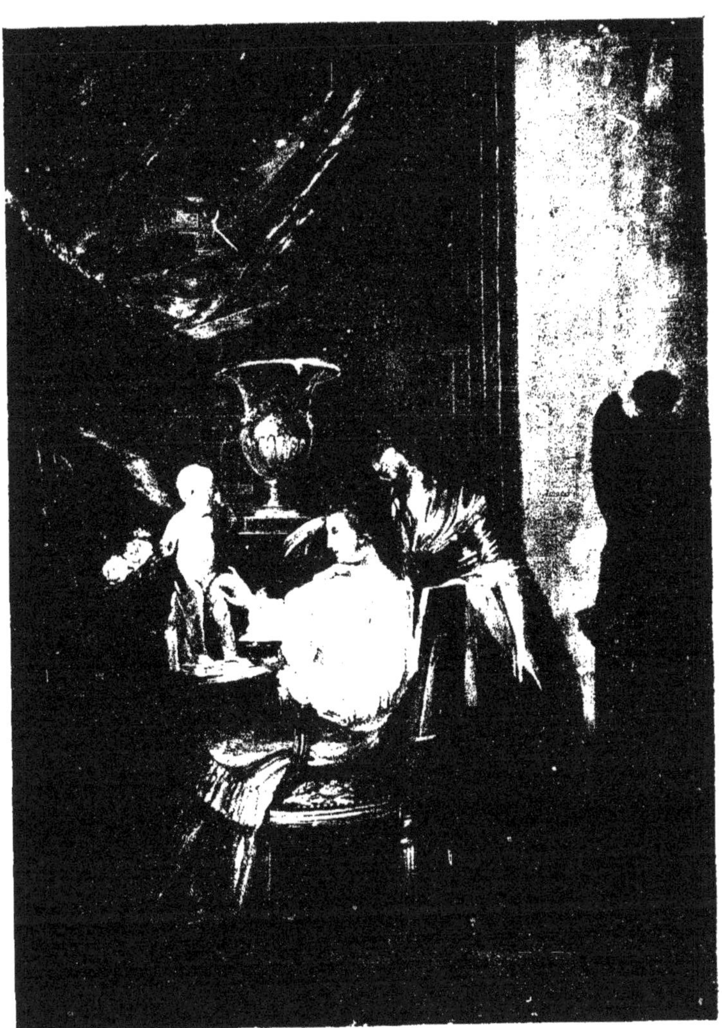

N° 34.

2010

TIEPOLO (Dominique)

300

33 — *Sujets bibliques.*

Deux grands dessins à la plume et lavis de sépia. Signés.

Haut., 46 cent.; larg., 35 cent.

VAN GORP

2010 Pauline

34 — *L'Accident réparé.*

Charmante gouache.
Cadre en bois sculpté doré.

Haut., 24 cent.; larg., 17 cent.

WATTEAU (Antoine)

1850 Nagelmaker

35 — *Le Violoniste.*

Belle étude à la sanguine.

Haut., 24 cent. 1/2; larg., 19 cent.

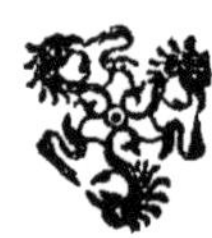

Objets d'Art & d'Ameublement

ANCIENNES

PORCELAINES DE CHINE

ANCIENNES

FAIENCES ITALIENNES

36 — Belle et grande potiche couverte avec renflement inférieur, en ancienne porcelaine de Chine de l'époque Kien-Lung, décorée sur *fond noir* de réserves de formes variées, chargées de fleurs en émaux de couleur et de feuillages et fleurs de chrysanthèmes; à l'épaulement, à la base, ainsi qu'au bord du couvercle, bordures à quadrillé et médaillons.

Haut., 62 cent.

37 — Grande jardinière ovale, à bord dentelé, à deux anses-anneaux et quatre pieds-griffes, en ancienne porcelaine de Chine, d'époque Kien-Lung, décorée en couleur et dorure : arbustes fleuris sur terrasse, bordure à quadrillés et médaillons. L'intérieur est décoré de poissons et plantes aquatiques.

Haut., 32 cent.; long., 55 cent.; larg., 40 cent.

100 38 — Paire de vases-cornets en ancienne faïence italienne, décorés en couleur, médaillons à

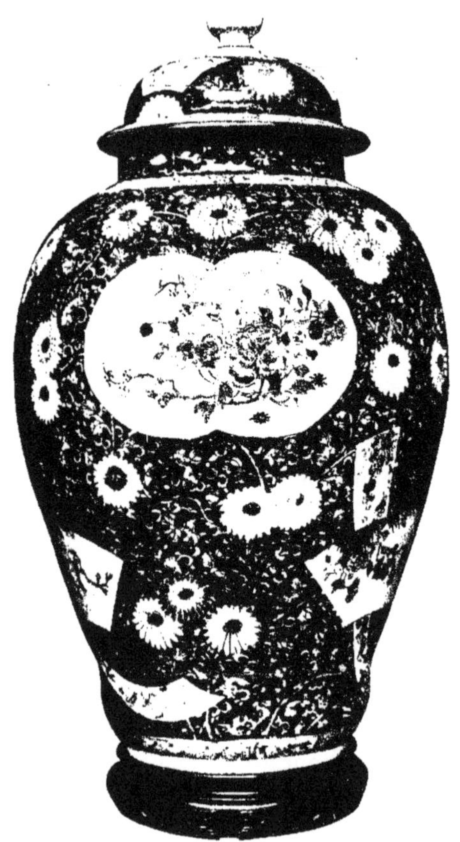

N° 36. 7000

figures et rinceaux de feuillages fleuris sur fond bleu. Il sont montés en lampes.

39 — Cornet de pharmacie en ancienne faïence italienne. Médaillon : sainte Cécile et ornements géométriques.

40 — Paire de vases en faïence italienne, grosses fleurs sur fond bleu.

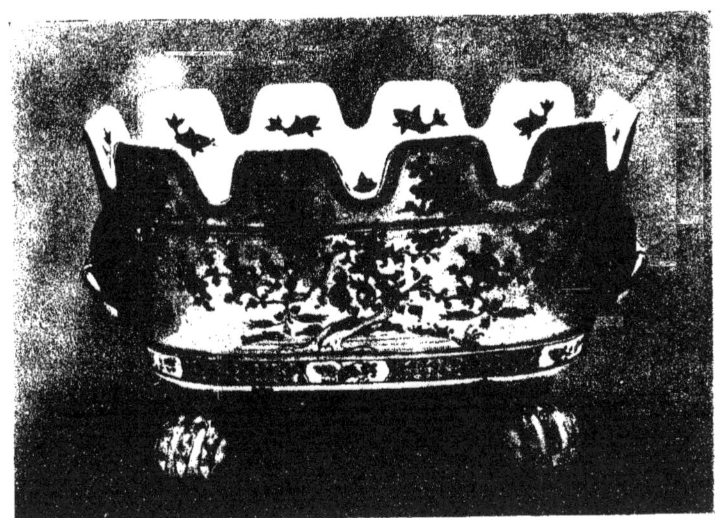

N° 37.

OBJETS DE VITRINE

Boîtes, Bonbonnières, Miniatures

41 — Boite ronde en or ciselé, entièrement ornée sur ses deux faces et au pourtour de rinceaux feuillagés et fleuris, découpés à jour. Sur le dessus, médaillon rond : émail en couleur à sujet mythologique. Époque Louis XVI.

Diam., 72 millim.

1430
Leroux de Villers

42 — Boite ovale en or guilloché et gravé, à médaillons et compartiments émaillés en couleurs : vases fleuris, rinceaux, guirlandes, etc. Époque Louis XVI.

Grand diam., 92 millim.; petit diam., 60 millim.

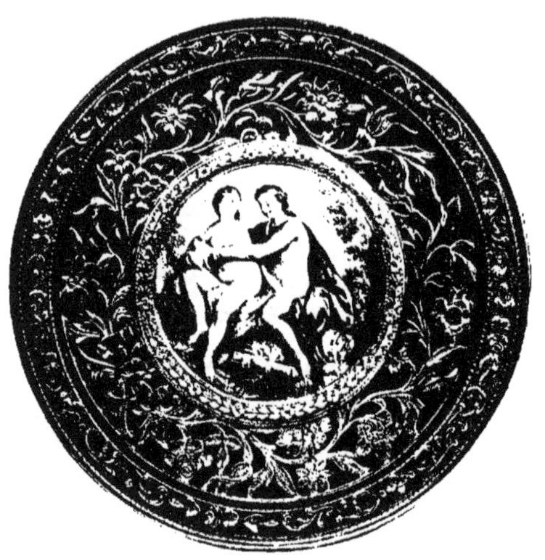

N° 41. 1.415

1.210
Leroux de Villers

43 — Boite ronde en or guilloché et ciselé, émaillée violet, avec bordures ornées de petits émaux de couleur. Sur le dessus, petit médaillon ovale : émail polychrome sur or : Offrande à l'Amour. Époque Louis XVI.

Diam., 67 millim.

1.360
Leroux de Villers

44 — Boite ovale en or guilloché et ciselé et émaillé, médaillons ovales, bordures et pilastres décorés de petits émaux de couleur. Époque Louis XVI.

Grand diam., 67 millim.; petit diam., 50 millim.

4.820 Paulme 45 — Boite a mouches rectangulaire, en agate rubannée, montée à cage, en or repoussé et ciselé, à rocailles, feuillages et ornements divers; sur le dessus, branchage incrusté de petites roses. Époque Louis XV.

Long., 64 millim.; larg., 46 millim.

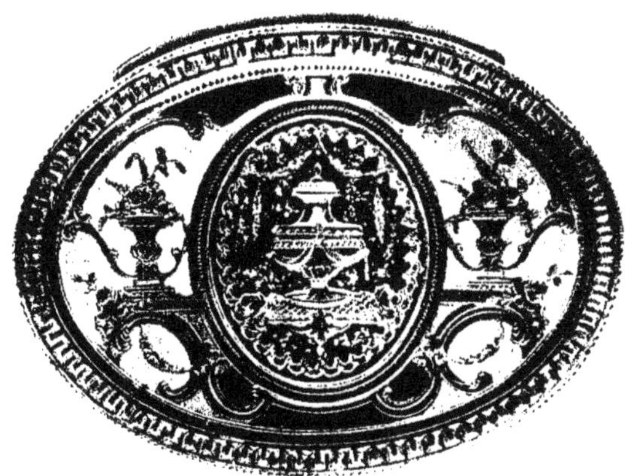

N° 42.

1.430

100 46 — Deux miniatures de forme contournée, peintes à l'aquarelle et à la gouache sur vélin, représentant deux vues de châteaux ou palais avec rivières ou pièces d'eau animées de bateaux et de petits personnages. xviiie siècle.

320 47 — Bonbonnière ronde, en écaille blonde incrustée d'étoiles et d'un monogramme en or. Sur le dessus, miniature ovale : Portrait d'homme décoré de plusieurs ordres. Époque Louis XVI.

48 — Miniature ovale sur ivoire : portrait d'homme. Cadre en cuivre. Époque Louis XVI.

49 — Tabatière ronde, en écaille brune, ornée sur le dessus d'une miniature de même forme : Intérieur de cabaret, d'après Téniers. Époque Louis XVI.

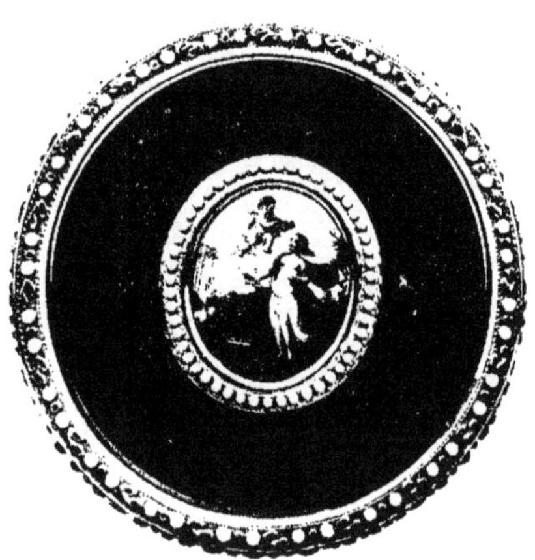

N° 43.

50 — Médaillon ovale, en or ciselé, de forme ovale, renfermant une miniature de même forme : Jeune femme en buste, la chevelure ornée de fleurs. Époque Louis XVI.

51 — Étui à aiguilles cylindrique, en ancien émail, à fond bleu, et médaillons avec inscription : Secret en amour.

Haut., 12 cent. 1/2.

52 — Étui-nécessaire, en ancien émail, à fond bleu, orné de médaillons : Fleurs. Monture et ustensiles en cuivre doré.

Haut., 10 cent.

N° 44.

53 — Petite montre hexagonale, en jade, montée en cuivre, gravée et dorée. xviie siècle.

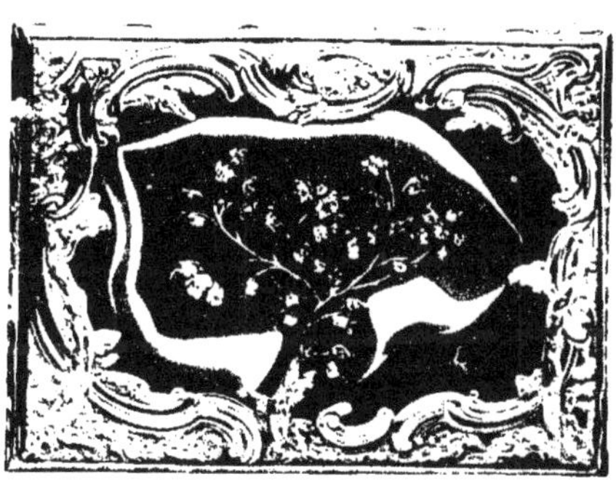

N° 45.

54 — Broche en or, enrichie au centre d'une grosse rose entourée de six perles fines.

55 — Miniature ovale sur ivoire : Portrait de femme en robe blanche, un ruban dans les cheveux. Époque Empire.

56 — Petite miniature ovale sur ivoire, par *Mosnier* : Portrait de femme. Époque Louis XVI.

57 — Grande miniature ovale, peinte sur ivoire, représentant deux personnages, homme et femme, assis et vus à mi-jambes dans un paysage. xviiie siècle.

Grand diam., 12 cent.; petit diam., 9 cent. 1/2.

58 — Miniature ovale, peinte sur ivoire : Portrait de jeune femme vue à mi-corps, auprès d'une harpe et tenant à la main des feuillets de musique. Époque Louis XVI.

Grand diam., 7 cent.

59 — Portrait de femme, par *J. Isabey*, en robe blanche, la coiffure ornée d'un voile avec bouquet de roses. Grande miniature à l'aquarelle, peinte sur papier vélin. Époque Restauration.

Grand diam., 14 cent.

60 — Miniature ovale, peinte sur ivoire : Portrait de femme en robe blanche décolletée, et chaîne d'or. Époque Restauration.

Grand diam., 8 cent.

61 — Miniature rectangulaire, peinte sur ivoire : Portrait de femme. Époque Restauration.

SCULPTURES

62 — Buste grandeur nature, en plâtre attribué à *J.-B. Lemoyne ;* portrait présumé de *d'Alembert*. XVIIIe siècle.

Haut., 70 cent.

63 — Quatre chapiteaux romans en pierre sculptée.

64 — Statuette d'ange debout tenant une couronne, en terre cuite. XVIIIe siècle.

Haut., 68 cent.

64 *bis* — Statuette en bronze patiné, d'après *Clodion* : Jeune fille debout tenant des colombes dans sa chemise relevée. Elle repose sur un socle en marbre orné de bronzes ciselés et dorés d'époque Louis XVI.

Haut., 50 cent.

65 — Buste en plâtre : *Bonaparte*.

Haut., 85 cent.

66 — Buste ancien en plâtre : *Le Bailli de Suffren*, par *Houdon*.

Haut., 87 cent.

La terre cuite originale au musée d'Aix en Provence et le marbre au musée de La Haye.

67 — Paire de grands vases à couvercle, sur base ou piédouche, en granit rose d'Égypte. La panse est ornée de godrons en spirales avec culot de feuillage et deux anses, tête de béliers.

Haut., 1 m. 60.

68 — Autre paire de vases analogues, de même matière, plus petits.

Haut., 1 m. 30.

69 — Gaine-support en terre cuite, décorée sur la face d'un arc et d'une flèche.

Haut., 1 m. 35.

70 — Christ en ivoire, renfermé dans un tabernacle ouvrant à deux portes en bois incrusté d'os et décorées intérieurement de peintures; fronton à cartouche et inscription. xviie siècle.

Haut., 1 m. 40; larg., 65 cent.

OBJETS VARIÉS

71 — Coupe ronde, couverte, forme sphérique aplatie, en ancien émail cloisonné de Chine; décor en couleur à médaillons de fleurs, oiseaux, papillons, etc.; fond bleu turquoise.

Diam., 36 cent.

72 — Deux grandes coupes couvertes, analogues à la précédente et de même forme, en ancien émail cloisonné de Chine; décor sur fond bleu turquoise du dragon, de l'oiseau du ciel, de volatiles et animaux divers, de fleurs, rochers, etc. Bordures à grecques.

Diam., 51 cent.

73 — Dragon ailé en bronze patiné.

74 — Miroir en bois sculpté à motifs de cariatides guirlandes, etc. Époque Louis XIII. — Soufflet en bois sculpté à décor d'armoiries. xviie siècle.

75 — Deux cadres rectangulaires à fronton en bois sculpté doré, à cariatides, mascarons, etc. Fin du xvie siècle.

76 — Écritoire de bureau, de forme rectangulaire en marqueterie de cuivre sur écaille, à rinceaux, figures grotesques, vases fleuris, etc. Ornementation de petits bronzes ciselés à cariatides, aux angles et mascarons au milieu. Époque Louis XIV.

Long., 37 cent. larg., 27 cent.

77 — Écritoire rectangulaire en bois noir et de couleur, ornée de bronzes d'appliques. Époque Empire.

78 — Mouchette sur son plateau en forme de bateau, reposant sur quatre pieds griffes. Décor de serpents ailés et enroulés. Argent fondu et ciselé. Ancienne orfèvrerie anglaise.

DENTELLES

79 — Alençon. Deux coupes mesurant ensemble 8 m. 55.

80 — Alençon. Deux coupes mesurant ensemble 1 m. 60.

81 — Alençon. Une coupe mesurant 4 m. 65.

82 — Alençon. Une coupe mesurant 5 m. 70.

83 — Alençon. Une coupe mesurant 3 m. 65.

84 — Alençon. Trois coupes mesurant ensemble 7 m. 10.

85 — Alençon. Une coupe mesurant 4 m. 40.

86 — Alençon. Trois coupes mesurant ensemble 2 m. 10.

87 — Alençon. Une coupe mesurant 1 m. 80.

88 — Angleterre. Une coupe mesurant 3 m. 60.

89 — Argentan. Cinq coupes mesurant ensemble 4 m. 40.

90 — Binches. Une coupe mesurant 3 m. 10.

91 — Malines. Deux coupes mesurant ensemble 1 mètre.

92 — Valenciennes. Barbe.

93 — Voile en tulle brodé.

94 — Dessus de lit formé de carrés en filet, avec bordure à dents. xviie siècle.

Long. et larg., 1 m. 50.

BRONZES D'AMEUBLEMENT

Pendules, Appliques, Chenets

95 — PENDULE d'applique et son socle-support en

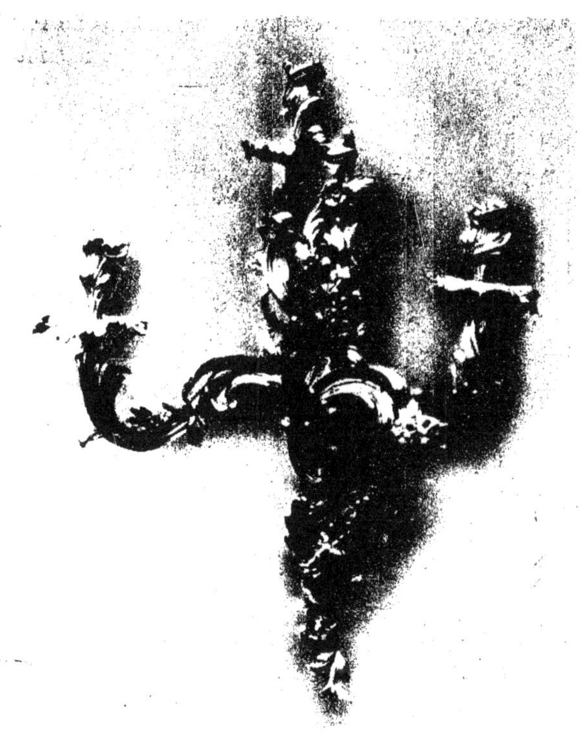

N° 100.

marqueterie de cuivre sur écaille, ornée de bronzes. Époque Régence.

Haut., 1 m. 20 environ.

95 *bis* — Pendule d'applique et son socle-support en bois, décoré en couleur au vernis, ornée de bronzes. Époque Louis XV.

Haut., 1 mètre.

96 — Pendule-cartel d'applique en bronze ciselé et doré, à rocailles et feuillages fleuris ; le mouvement à répétition est marqué : *Baptiste Baillon*. Époque Louis XV.

Haut., 55 cent.

97 — Pendule-cartel d'applique en bronze ciselé et doré ; modèle à vase et mascaron de lion ; cadran marqué : *Bréant à Paris*. Époque Louis XVI.

Haut., 80 cent.

98 — Pendule en bronze doré et marbre de couleur. Le mouvement, placé entre deux figures allégoriques : femme symbolisant l'Histoire et enfant portant un médaillon d'Henri IV. Époque Louis XVI.

Haut., 43 cent. ; larg., 34 cent.

99 — Paire de petits candélabres à deux lumières en bronze patiné ou doré et marbre bleu turquin. Figures d'enfants partant une double branche de roses. Socles en marbre ornés de moulures. Époque Louis XVI.

Haut., 42 cent.

100 — Paire de beaux bras-appliques à trois lumières en bronze ciselé et doré ; rocailles et rinceaux enguirlandés de branchages fleuris. Époque Louis XV.

Haut., 60 cent.

101 — Paire de petits flambeaux en bronze. Époque Louis XV.

102 — Paire de flambeaux en bronze patiné et doré; la bobèche portée par une cariatide : femme reposant sur une base circulaire à palmettes et canaux, sur trois pieds griffes. Époque Empire.

103 — Paire de petits chenets en bronze ciselé et doré, formés chacun d'un groupe : Enfant sur une chèvre. Socle à mascarons et quatre pieds consoles. Époque Régence.

Haut., 30 cent.

104 — Autre paire de petits chenets analogues, à motifs de sphinx à têtes de femmes sur socles lambrequins à mascarons. Époque Régence.

Haut., 24 cent.

105 — Lustre hollandais en cuivre, à dix-huit lumières.

SIÈGES & MEUBLES ANCIENS

106 — Deux grandes chaises, en bois tourné, recouvertes aux sièges et dossiers de cuir gaufré.

107 — Deux fauteuils, en bois sculpté, de style Louis XIV, recouverts en tapisserie au petit point, en partie du XVIIe siècle.

565 Mme Blanchon

108 — Deux autres fauteuils, en bois tourné, recouverts en tapisserie au point, en partie du XVIIe siècle.

109 — Banquette, en bois sculpté, recouverte en tapisserie au petit point, en partie du XVIIe siècle.

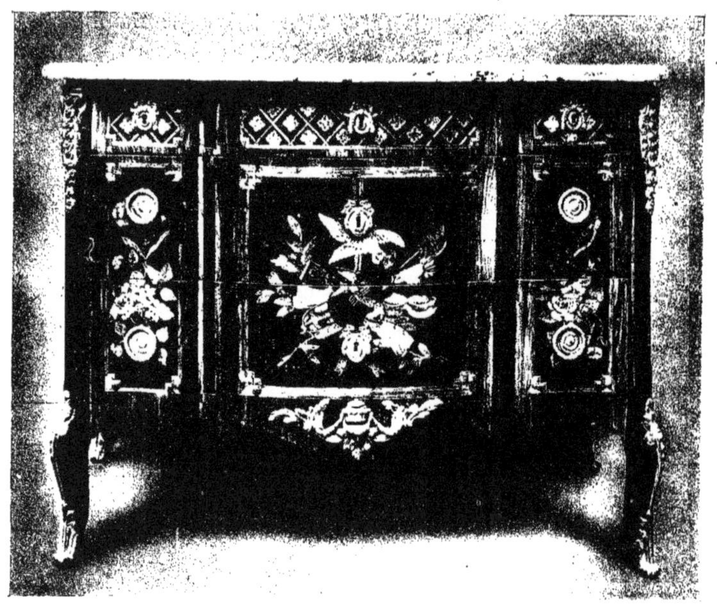

N° 116.

5.000

95 110 — Tabouret analogue.

835 Bondillet

111 — Meuble a deux corps avec fronton, ouvrant à quatre portes et tiroirs en bois sculpté, à colonnettes et figures sculptées en bas-relief. En partie du XVIe siècle.

Haut., 1 m. 90 ; larg., 1 m. 10.

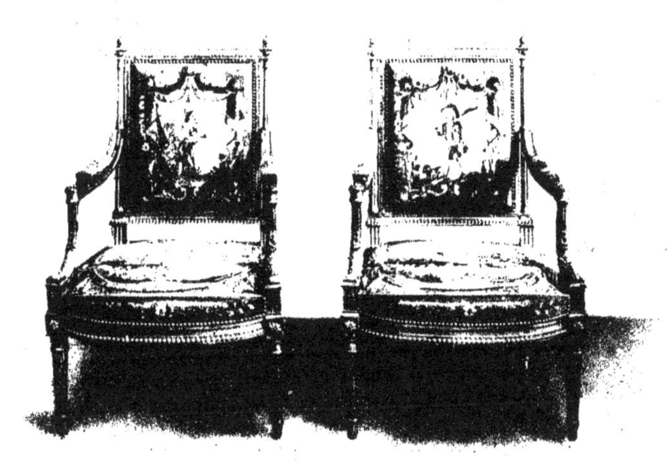

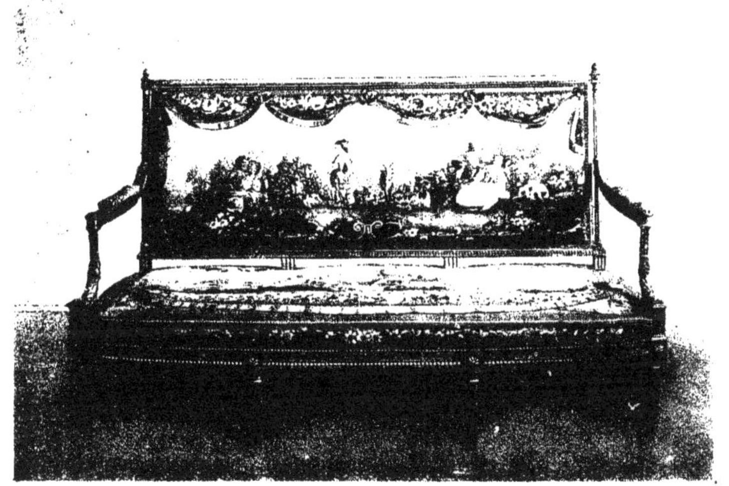

N° 120.

18.500

112 — Meuble bas de buffet, en bois sculpté, ouvrant à portes et tiroirs. xviiie siècle.

113 — Horloge a poids, dans sa gaine en bois, avec cadran métallique marqué : *Philippus Steevert, Amsterdam.* xviie siècle.

114 — Deux baromètres en bois de placage. xviie siècle.

115 — Console en bois sculpté et ciré, avec dessus de marbre. Époque Régence.

Long., 1 m. 20.

116 — Commode à face contournée, ouvrant à trois rangs de tiroirs, sur quatre pieds cambrés, en marqueterie de bois de couleur; quadrillés, trophées d'instruments de musique et vases ornés de fleurs. Ornementation de bronzes ciselés et dorés. Dessus de marbre brèche. Époque Louis XVI.

Long., 1 m. 10.

117 — Vitrine, ouvrant à deux portes, en bois de rose. Époque Louis XVI.

Haut., 1 m. 60; larg., 1 m. 10.

118 — Commode à trois rangées de tiroirs, en acajou et garniture de bronze. Dessus de marbre. Époque Louis XVI.

Long., 1 m. 25.

119 — Armoire-chiffonnier, ouvrant à deux portes et cinq tiroirs, en acajou, avec poignées de cuivre. Dessus de marbre. Époque Louis XVI.

Haut., 1 m. 80; larg., 1 m. 25.

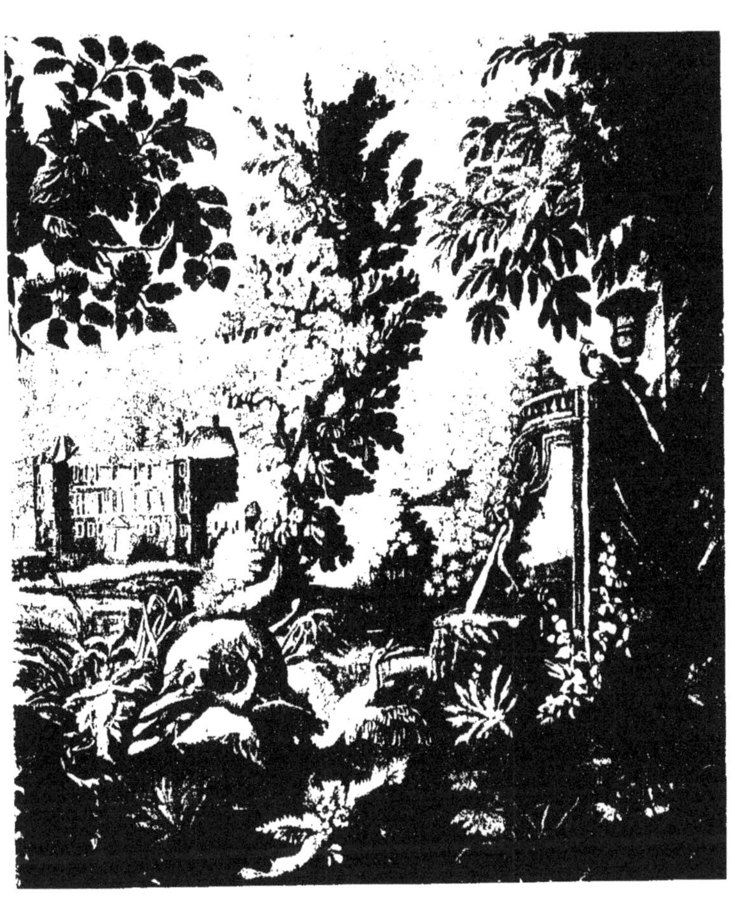

N° 127.

8.050 l.s 5

AMEUBLEMENT DE SALON
en ancienne tapisserie

120 — Ameublement de salon en bois sculpté doré, comprenant *un canapé et six fauteuils*, recouverts en ancienne tapisserie d'Aubusson du temps de Louis XVI. Les dossiers offrent des sujets pastoraux à petits personnages dans des paysages avec encadrements de draperies et rinceaux; les sièges présentent des compositions avec animaux, d'après les Fables de la Fontaine, avec encadrements analogues.

Longeur du canapé, 1 m. 85.
Largeur d'un fauteuil, 60 cent.

TAPISSERIES ANCIENNES

121 — Tapisserie rectangulaire flamande, représentant, dans un fond de paysage, une réunion de personnages dont plusieurs jouent d'instruments divers. Bordure d'encadrement à médaillons, rinceaux et torsades de fleurs. xvie siècle.

Haut., 3 m. 20; larg., 4 m. 95.

122 — Fragment rectangulaire de tapisserie flamande, à sujet de chasse. Bordure d'encadrement en haut et à gauche: médaillons à personnages allégoriques, arabesques et fruits. xvie siècle.

Haut., 3 m. 15; larg., 1 m. 70.

123 — Tapisserie rectangulaire flamande : verdure. Bordure d'encadrement à coins et milieux faits de cartouches réunis par des chutes de fleurs sur fond bleu. xviie siècle.

Haut., 2 m. 80; larg., 2 m. 75.

124 — Tapisserie rectangulaire flamande : sujet tiré de la mythologie, à grands personnages, dieux marins, etc. Bordure d'encadrement sur deux côtés ; à gauche, colonne torse ornementée ; dans le haut : médaillon, guirlandes et enfants. xviie siècle.

Haut., 3 m. 20 ; larg., 3 m. 75.

125 — Tapisserie rectangulaire flamande de la même suite que la précédente : à la partie supérieure, fragment de bordure à médaillon et chutes de fruits. xviie siècle.

Haut., 3 m. 20 ; larg., 1 m. 30.

126 — Tapisserie rectangulaire d'Aubusson, représentant *la Bascule*, avec couples de jeunes paysans et paysannes dans un fond de paysage. Bordure d'encadrement faite d'une baguette à torsades de fleurs. Époque Louis XV.

Haut., 2 m. 50 ; larg., 4 m. 65.

127 — Suite de cinq tapisseries rectangulaires d'Aubusson : paysages dans le goût de Pillement, avec châteaux, pagodes, fontaines, arbustes fleuris, animaux divers, chiens, cygnes, canards et autres volatiles. Époque Louis XV.

Haut., 2 m. 35.
Long., 1 m. 20, 1 m. 25, 1 m. 90, 2 m. 60, 2 m. 15.

www.ingramcontent.com/pod-product-compliance
Ingram Content Group UK Ltd.
Pitfield, Milton Keynes, MK11 3LW, UK
UKHW021948260726
13994UKWH00004B/1612

9 782329 510682